MW01526719

La récré sabotée

Olivier Lhote   Philippe Diemunsch

Éditions Lito

Chapitre 1

Quand je suis rentrée de l'école, mon père n'était pas à la maison. Mais le soir, ma mère lui a tout raconté en détail. Il s'est levé de table, a tapé du poing sur le bois et annoncé le jugement : la peine de mors ! Ça voulait dire, interdiction de passer le mors à ma jument et de partir en balade pendant un mois.

D'accord, je ne l'avais pas volée cette punition. C'est vrai, j'avais fait une grosse bêtise. Mais tout de même, je suis la princesse ou pas ?

Et puis, c'est leur faute, à elles, les filles de la

classe. Elles me croivent jamais quand j'ex-
plique que je suis la descendante de la reine
Malgven la Magnifique.

– On dit pas « croivent ».

Ça, c'est mon jumeau, Josselin. Il se mêle
toujours de mes histoires sous prétexte que
je parle seule, à voix haute.

– Je dis comme je veux d'abord.

– Eh ben moi non plus j'te croive pas et en
plus je vais faire une balade à cheval, parce
que moi j'ai le droit.

– Gros nul !

Les chevaliers d'aujourd'hui n'ont aucune éducation. Il y a, je ne sais pas moi, mille ans, quand une princesse laissait tomber son Kleenex, ils étaient cent à lui ramasser. Aujourd'hui, ils font : « beuuurrrkkk, ton mouchoir ! »

Enfin, c'est une autre histoire. Pourquoi est-ce que je suis punie, moi, Nolwenn du château de Garrec, enfermée dans mon donjon ? Je vais vous raconter.

Chapitre 2

Comme je vous l'ai confié, personne ne me croit à l'école. Vous remarquerez au passage que je l'ai bien dit cette fois. Donc, personne ne me fait jamais confiance quand je raconte l'histoire de mon arrière-arrière, plein de fois arrière-grand-mère. Un matin, les filles de ma classe m'ont drôlement agacée. Les garçons ne m'embêtent pas trop, eux. Ils sont tous amoureux de moi même s'ils ne veulent pas l'avouer. Mais les filles, elles sont toutes jalouses et ce mardi-là, elles ont été trop loin. C'était bien un mardi. Je m'en souviens parce que le mardi, je me fais des nattes.

– T'as rien d'une princesse ! a commencé Sophie Léonard, dans la cour de récré.

C'est une vraie peste cette gamine ; en plus, son père il est boucher. Il n'a pas intérêt à vendre du cheval, celui-là, je le surveille.

– Bien sûr que je suis une princesse.

Elles sont vraiment idiotes dans ma classe. Elles voient bien que j'ai des nattes et des cheveux blonds. C'est pas tout le monde qu'a ça !

– T'as qu'à le prouver que t'es la descendante de Maltruc la Magnifique.

– Hé ! je me suis énervée. Respecte la reine s'il te plaît.

– On s'en fout de ton impératrice, m'a balancé Sophie. Elle n'a jamais existé. Et toi, tu sais même pas monter sur un canasson. Je suis sûre qu'un cheval de manège te mettrait par terre.

L'honneur de la famille royale venait d'être sali. Je ne savais pas encore comment j'allais enlever les taches, mais je savais qui j'allais passer à la machine. Ma vengeance serait terrible.

Chapitre 3

Je me suis demandé s'il fallait en parler, de retour au château. Après tout, je n'étais pas la seule visée par ces insultes graves. J'ai décidé d'aller voir la reine de Garrec.

– Mère ? j'ai appelé.

– Tu peux pas dire maman comme tes frères ?

– Oui maman. Mère, je dois vous parler d'un truc vachement de la plus haute importance.

– Je t'écoute, mais prends un torchon, ça m'aidera.

Ma mère m'avait expliqué que pour une reine, c'était bien de faire la cuisine et le ménage et tout ça. Comme ça, on connaissait mieux son peuple et on dirigeait mieux le royaume. J'ai commencé à essuyer la vaisselle et je me suis expliquée.

– Mère, cette gousse de Sophie Léonard a sali notre famille royale.

– Cette gueuse, pas cette gousse. Les gousses c'est pour l'ail. Et qu'est-ce qu'elle t'a encore fait Sophie ?

– D'abord elle s'est moquée de Malgven la Magnifique.

– Qui c'est celle-là ?

– Oooohh maman… C'est ton arrière-arrière-arrière-grand-mère.

– Et c'est tout ?

– Non, elle a dit que je ne savais pas monter à cheval et que je n'étais pas une princesse.

– Rien de plus grave ?

– C'est hyper grave. Parce que si j'suis pas une princesse, du coup, t'es pas une reine. Ça t'énerve pas ça ?

– Non, ça va, je tiens le choc. Bon comme t'as fini la vaisselle, file au bain maintenant.

Elle devait en avoir des soucis, la reine de Garrec, pour ne pas se rendre compte de l'importance de la situation. Je suis allée me glisser dans un bain chaud. Mes servantes avaient déjà versé des essences de plantes spéciales réservées aux altesses, comme le thym, le romarin, le persil. Non pas le persil, je crois. Ça sentait bon la campagne, les hautes herbes, les balades avec Cassiopée, ma jument, et un peu la soupe aussi. Dans l'eau tiède, j'ai décidé de laver l'insulte toute seule. J'en parlerais à personne et je montrerais à cette mendiante de Sophie et aux autres que j'étais une vraie princesse. Elles allaient voir ce qu'elles allaient voir !

Chapitre 4

C'est ici que l'histoire commence vraiment. Le lendemain, on était mercredi et ça me laissait la journée pour organiser ma vengeance. J'ai profité de l'absence de la reine pour m'introduire dans sa chambre. J'ai ouvert les placards. Sa majesté n'avait pas que des robes super top. Il y avait même des pantalons. Pardon, mais pour une reine… Enfin bon. Dans le fond, j'ai repéré ce qu'il me fallait : une tenue de soirée en soie noire, digne de la plus belle princesse. Je l'ai enfilée rapido.

– Mouais, j'ai pensé, un peu grand. Heureusement, j'ai de la machination. J'ai envoyé des coups de ciseaux par-ci, par-là, posé des épingles, et en cinq minutes c'était réglé. J'étais une vraie souveraine. Côté pieds, il n'y avait pas de soucis. Du papier journal dans les chaussures à talons de la reine ferait l'affaire. Les rideaux de la chambre n'arrêtaient pas de me lancer des clins d'œil et j'ai compris le message. Je les ai décrochés pour me confectionner un long voile.

Il ne me restait plus qu'à trouver un habit de fête pour ma jument. Cassiopée, j'allais faire de toi la plus élégante des pouliches*. On avait bien des couvertures pour chevaux dans les écuries, mais je trouvais qu'elles manquaient de paillettes. J'en ai dégotté un flacon entier dans la salle de bains et je suis allée le cacher dans le box* de ma belle.

La suite du plan allait se jouer très vite. J'ai oublié un peu que j'étais une princesse et je me suis transformée en actrice. Le lendemain matin, je ne suis pas allée à l'école. Ma mère a bien vu que je n'en avais pas la force. Il faut dire que je m'étais relevée trois fois dans la nuit pour me forcer à vomir.

– Je ne peux tout de même pas te laisser toute seule, Nolwenn. Ton père sera absent toute la journée et moi, j'ai des milliards de choses à acheter.

– C'est… pas grave… 'man. Peux ressssster seule, tu sais.

Je prenais ma voix de malade. Ça faisait vrai, je vous jure. J'ai même cru que j'allais mourir à un moment, à force d'y croire.

– O.K., a conclu ma mère. De toute façon, je n'ai pas le choix. Je pense être de retour vers midi.

– Hummmm… j'ai dit, pour montrer que j'étais à bout de forces.

Chapitre 5

La reine partie, le château était désert et j'ai
bondi de mon lit. J'ai sauté dans ma robe de
princesse, je me suis parfumée et maquillée.
Ma mère a tout ce qu'il faut. Des trucs chers
qui sentent la fleur. Normal, c'est une reine.
Ensuite, je suis descendue aux écuries pour
seller et habiller Cassiopée. On était trop
belles toutes les deux. Cassio avec ses
paillettes, moi en robe du soir et mon voile
qui flottait au vent. J'ai mis deux coups de
pied – pas fastoche avec les talons aiguilles –
et on a démarré en trombe. On a mis un

siècle pour rejoindre l'école. Je ne voulais pas prendre la route, pour ne pas me faire remarquer. On a coupé à travers champs et j'ai perdu un max de temps. Mais finalement c'était mieux comme ça, parce qu'on est arrivées en pleine récré.

Et là, je ne vous raconte pas l'entrée dans la cour. Cassiopée s'est avancée au pas, la tête haute ; je voyais bien qu'elle snobait les filles de ma classe. Elle les regardait à peine et défilait comme les mannequins en balançant ses sabots, un à un, sur le ciment. Ça faisait « clac, clac, clac ». On avait drôlement la classe. Les filles sont restées muettes. Elles ne me reconnaissaient même pas. C'est Chloé Vitrac qui a compris la première.

– Regardez ! elle a crié, c'est Nolwenn.

– T'as raison, a lancé Véro, c'est vrai qu'elle est princesse.

– Bien sûr, bande de tartes, que c'est une fille de reine, a rétorqué Pierre Simon, un gars de ma classe. Depuis le temps qu'elle vous le dit.

Là, j'étais au sommet de ma vengeance. Cette peste de Sophie n'osait même plus me regarder. Elle restait seule dans son coin à serrer les dents, comme lorsque j'ai une meilleure note qu'elle en dictée. Mais je n'allais pas tarder à dégringoler. J'ai demandé à Cassio de se cabrer*. C'est un truc que m'a appris mon père et je sais bien le réaliser. La jument s'est dressée et toute la cour lâchait des « ohhhh ! », « des ahhh ! »…

C'est monsieur Varan, le directeur, qui a tout fait rater. Lui et son sifflet… Il a que ça à la bouche et ça n'a pas manqué. Il est sorti de son bureau en soufflant dedans comme un agent de police. Et à ce moment-là…

Chapitre 6

Oui, à ce moment-là, tout a basculé. Cassiopée a eu la peur de sa vie et elle est partie au galop dans la cour. J'ai cassé les talons des chaussures et mes pieds se sont enfoncés dans les étriers. Impossible de contrôler ma jument. Je devais d'abord retrouver mon équilibre et mon assiette* en ressortant mes pieds. Je tirais comme une sauvage sur la bouche de Cassio, mais impossible de l'arrêter. Au mieux je réussissais à tourner. Je faisais le tour de la cour au galop, avec monsieur Varan à mes trousses

qui sifflait tant qu'il pouvait. Cassio redou-
blait de vitesse à cause de lui. Les filles de ma
classe couraient dans tous les sens. On
aurait dit des pintades quand mon chien
entre dans la basse-cour.

Madame Villemin, la dame de la cantine, a
décidé de s'interposer pour nous stopper. J'ai
voulu l'éviter mais Cassio lui a quand même
écrasé le pied. Je l'ai entendue hurler, hurler,
hurler. Faut pas charrier, il lui restait un autre
pied tout de même. Monsieur Varan s'est
arrêté pour ramasser madame Villemin.
Cassiopée s'est calmée quand le sifflet a
cessé. Mais ça n'a pas duré. J'avais sorti mes
pieds de leur piège, je flattais l'encolure de
ma monture et nous tournions le dos à la
grande porte vitrée du bâtiment des CM1. Le
cœur de Cassio tapait fort sous la selle et j'ai
vraiment eu peur qu'il s'arrête d'un coup. Je
lui disais des mots comme du miel, à
l'oreille, pour la rassurer. Et le directeur a
encore fait n'importe quoi.

– Qu'est-ce que c'est que ce bazar ? il a

explosé en venant vers moi. Nolwenn Garrec, il va falloir t'expliquer !

Et voilà, c'était reparti. Cassiopée a couché les oreilles et balancé un coup de sabot dans la vitre, qui a volé en éclats. L'explosion a fait bondir la pouliche et, en dix secondes, je me suis retrouvée en pleine rue sur un cheval en furie. On n'est pas allé très loin, les fers des sabots ont glissé sur le bitume, Cassio a dérapé et moi j'ai fait un vol plané. La glissade de mon petit cheval s'est terminée dans la portière d'une auto, et moi j'ai atterri sur le toit. Monsieur Varan n'en finissait pas de pester. Mais là, je peux comprendre : c'était sa voiture !

Chapitre 7

Ma mère est venue nous chercher avec le van*. Par chance, Cassiopée n'était pas boiteuse, juste un peu choquée et un peu sourde à cause du sifflet. Sur le chemin du retour, j'ai voulu m'excuser.

– Mère, j'ai commencé. Je voudrais…

– Ah non ! s'est énervée ma mère, tu ne veux rien du tout, tu te tais et ensuite tu arrêtes avec tes « Mère » et tes histoires de château. De reine, il n'y en a qu'une, c'est la reine des catastrophes et elle s'appelle Nolwenn ! J'espère aussi qu'elle a une fortune personnelle pour me rembourser ma robe, mes escarpins et tout le tralala.

J'ai fermé mon bec. Le soir, mon père est rentré et j'ai été punie. Un peu plus tard, le téléphone a sonné. C'était pour moi. Pierre Simon prenait de mes nouvelles.

– Tu sais, Nolwenn, tu es la plus jolie des princesses, il a ajouté à la fin.

Il m'a dit qu'il voulait devenir mon prince. Je vais réfléchir…

Fin

La collection

& Cheval Compagnie

❶ L'amitié au galop

Crack est un drôle de cheval, tout maigre.
Il ne sera jamais un grand champion.
Et moi, Gwen, je ne serai jamais un grand cavalier,
car je suis aussi léger et souple qu'un caillou !
Crack et moi, on était faits pour s'entendre…

❷ La princesse et sa jument

Je m'appelle Nolwenn, princesse Nolwenn.
Ma jument à moi, elle s'appelle Cassiopée.
Demain, on participe à un concours.
Et il faut qu'on soit super belles, pour battre
Elsa Mallan, qui est nulle mais gagne tous les ans…

❸ Un cheval en cavale

Un cheval sauvage ? Dans les bois ?
Ma sœur Nolwenn raconte n'importe quoi !
Mais hier, sur la colline, je l'ai vu :
un pur-sang tout droit sorti des livres de chevaliers,
avec une robe grise comme du métal…

❹ La récré sabotée

Pour prouver aux filles de la classe que je suis
vraiment une princesse, moi, Nolwenn du Garrec,
je suis allée à l'école avec Cassiopée, ma jument.
Mais tout ne s'est pas exactement passé
comme je l'avais prévu…

© Lito, 2008
ISBN 978-2-244-44232-7

www.editionslito.com

Lito
41, rue de Verdun 94500 Champigny-sur-Marne
Imprimé en UE
Loi n° 49-956 du 16 juillet 1949 sur les publications
destinées à la jeunesse
Dépôt légal : juin 2008

* Le lexique t'explique

les mots compliqués de Nolwenn

pouliche (p. 16) : jeune jument de moins de trois ans.

box (p. 16) : dans une écurie, c'est un compartiment pour loger un cheval, comme une petite chambre pour lui tout seul.

se cabrer (p. 21) : un cheval se cabre quand il se dresse sur ses pattes arrières.

assiette (p. 23) : dans « assiette », il y a « assis ». Avoir une bonne assiette, pour un cavalier, veut dire avoir une bonne assise, être stable sur sa selle.

van (p. 27) : fourgon qui sert à transporter les chevaux de course.